ADOLPHE KRAFFT

LES RHÉNANES

LE CHANT DE LA CLOCHE

LE ROI DES AULNES

TROISIÈME ÉDITION, REVUE ET CORRIGÉE

PARIS

NOUVELLE LIBRAIRIE PARISIENNE

Albert SAVINE, ÉDITEUR

Rue des Pyramides, 12

1895

LES RHÉNANES

POÉSIES ALSACIENNES

ADOLPHE KRAFFT

LES RHÉNANES

LE CHANT DE LA CLOCHE

LE ROI DES AULNES

TROISIÈME ÉDITION, REVUE ET CORRIGÉE

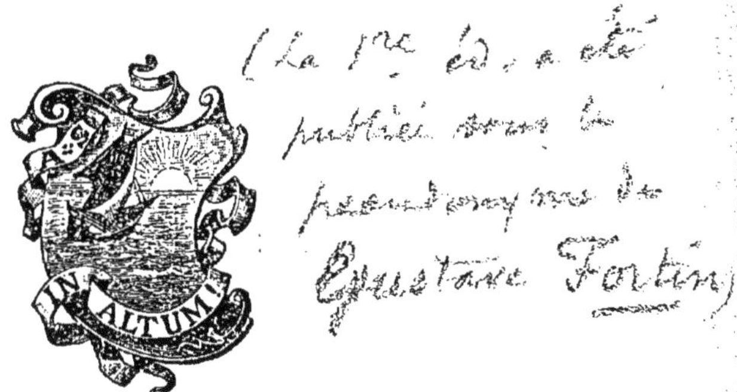

PARIS

NOUVELLE LIBRAIRIE PARISIENNE

ALBERT SAVINE, ÉDITEUR

Rue des Pyramides, 12

1895

PRÉFACE

J'ai réuni sous le titre : *Les Rhénanes,* des poésies patriotiques, qui m'ont été inspirées par l'exil. La nostalgie de l'Alsace, mon pays natal, m'est facilement venue du cœur aux lèvres, dans le triste concert des illusions perdues.

J'aurais préféré chanter l'Union des peuples, que je désire. Dans les circonstances actuelles il vaut mieux aimer la France et la République. Il faut d'abord que la voix de la patrie elle-même domine dans le chœur des nations.

Si je pleure l'Alsace comme Français et comme Républicain, je plains aussi le pays auquel notre province est annexée. Les peuples qui s'enivrent de gloire peuvent susciter l'envie; mais quand cette gloire ne profite qu'au despotisme, qui les ruine, ils sont plutôt dignes de pitié.

Ce n'est donc point dans un esprit de chauvinisme que j'ai écrit les *Rhénanes.* J'ai exprimé avec trop de simpli-

cité peut-être ce que j'ai éprouvé, mais je l'ai exprimé en
toute sincérité; et si la lecture de mes chants apporte un
baume à la blessure de quelques âmes sympathiques, je
me croirai suffisamment dédommagé de ma peine.

J'ai ajouté à mes propres poésies des traductions libres
de Heine, de Gœthe, de Schiller et d'Uhland. Les Français d'aujourd'hui estiment surtout l'Allemagne dans le
génie de ses grands hommes d'hier.

Paris, 1885.   L. G. F.

LES RHÉNANES

CHANT DE LA SIRÈNE

I

La forêt profilait sa silhouette sombre
Dans l'air serein ;
Le Rhin
Coulait, coulait dans l'ombre.

C'était le soir, à l'heure où, dans le sapin noir
Une voix pleure,
A l'heure
Où la peur naît : le soir.

Le saule frémissait aux lèvres du zéphire.
Oh ! que de voix
Sous bois,
Dont le charme m'inspire !

Et Sylva fit vibrer dans les échos du bois,
Cœur qui soupire,
Sa lyre,
Sa lyre sous ses doigts :

« Sirène aux yeux d'azur, reine des flots, sirène !
Écoute-moi,
Qu'à toi
Je raconte ma peine,

J'ai vingt ans et je meurs. Mon amour est si pur !
Calme ma peine,
Sirène,
Sirène aux yeux d'azur. »

Le corps nu, les cheveux déroulés, la sirène
Sort à ces mots
Des flots,
Pour soulager sa peine.

« Tu peux former, dit-elle, un vœu pour ton bonheur ;
Mais je désire
Ta lyre,
Puisqu'une autre a ton cœur. »

« *Prends-le donc, mon seul bien, prends-le dans une larme !*
Et rends vainqueur
Mon cœur,
En me prêtant ton charme. »

Prenant sa lyre d'or, la sirène à ces mots,
Belle et dolente,
L'enchante
Et se perd sous les flots.

II

Fort du charme divin donné par la sirène,
Partout Sylva
S'en va
Pour oublier sa peine.

Mais il a beau chercher le monde du plaisir,
Blondes et brunes,
Aucunes
Ne calment son désir.

Aussi, loin d'oublier l'objet de sa souffrance,
Plein de chagrin,
Au Rhin
Sylva revint de France.

1.

III

C'était le soir, à l'heure où dans le sapin noir
Une voix pleure,
A l'heure
Où la peur naît : le soir.

Les brumes s'étendaient sur le miroir des vagues.
Dans les roseaux,
Les eaux
Éveillaient des bruits vagues.

Les nymphes chuchotaient dans le calme des bois...
Belle sirène !
Ma reine !
Oh ! réponds à ma voix !

Plus belle que la nuit, à ces mots la sirène
Sortant du sein des flots, vint à lui sur l'arène ;
La lune caressait son corps d'albâtre nu.
Belle était cette nuit, la femme était plus belle.
Sylva la regardait. — Que veux-tu ? lui dit-elle.
O bel adolescent ! dit-elle, que veux-tu ?

— *Peux-tu me demander ce que je veux, sirène!*
Quand je te vois ainsi t'avancer sur l'arène!
Sirène aux yeux d'azur, reine de mes amours :
Dans le saule pleureur le vent des cieux soupire;
Dans mes veines je sens le printemps qui m'inspire;
Rends-moi ma lyre d'or et rends-moi mes beaux jours.

Que m'importent la vie et son expérience!
A tous les vains plaisirs issus de ma science
Je préfère le chant innocent de mon cœur.
Quand je te vois ainsi t'avancer sur l'arène,
Peux-tu me demander ce que je veux, sirène!
Prends ton charme et me rends ma lyre et ma douleur.

IV

LA SIRÈNE

O bel adolescent! vois-tu dans la nuit brune
Les ondines mes sœurs, aux rayons de la lune?
Les vois-tu sur les flots se bercer mollement?
L'air est tiède ce soir sous le sombre feuillage :
Laisse tes beaux habits sur l'herbe du rivage,
Viens jouer avec nous, ô bel adolescent!

SYLVA

Oui, c'est à cet endroit que je venais naguère
Après classe courir avec mon pauvre frère,
Chasser le papillon et cueillir le muguet;
C'est là que tout enfant, assis sur une pierre,
Je regardais le Rhin durant une heure entière,
Quand tout était joyeux, seul rêveur et muet.

LA SIRÈNE

O bel adolescent! entends-tu la tempête
Dans les arbres siffler et gémir sur ta tête?
Vois-tu les flots s'enfler sous le souffle du vent?
Vois-tu l'éclair mortel? Entends-tu le tonnerre?
Vois-tu l'esquif au roc se briser comme verre
Au fleuve de ta vie? ô bel adolescent!

SYLVA

C'est de ce même endroit que m'ont chassé naguère
Le deuil de mon pays, les malheurs de la guerre,
L'orgueil injurieux du Germain triomphant.
Que de morts je pourrais pleurer à cette place:

Des amis, des parents, mes rêves, mon Alsace,
A cette même place où je venais enfant !

LA SIRÈNE

O bel adolescent ! après qui je soupire,
J'ai des fleurs pour ton front, des accords pour ta lyre ;
Mes sœurs t'emporteront sur leur sein frémissant.
Prends ma main, et descends avec moi sur la grève ;
Viens ! nous te bercerons dans les voiles du rêve ;
Nous t'aimerons si bien, ô bel adolescent !

SYLVA

Oh ! combien je voudrais, livrant mon corps aux lames,
Voir mon âme flotter avec les autres âmes
Et chanter dans le ciel, sous le souffle de Dieu !
Quel mal triste et profond est-ce donc que la vie !
Je pleure l'espérance à mon âme ravie...
Et personne à qui dire un éternel adieu !

— Le rossignol chantait. La nuit était superbe
D'étoiles dans les cieux, de vers luisants dans l'herbe.
Le bruit d'un corps qui tombe éveilla les échos...
Le désert entendit, avec le vent qui passe,

Un cri de désespoir retentir dans l'espace :
La sirène... Un long cri... Puis plus rien que les flots.

La forêt profilait sa silhouette sombre
            Dans l'air serein ;
                Le Rhin
        Coulait, coulait dans l'ombre.

LE RETOUR

FRAGMENTS DE MALEDETTO (1).

———

.. A l'horizon déjà les pourpres de l'aurore
Ornaient le front des cieux, que dans l'azur encore
Nos deux êtres flottaient invisibles. Soudain
A nos pieds étendu dans sa beauté fatale,
Que vois-je! C'est Strasbourg, c'est ma ville natale,
Qui va se réveiller sous les pleurs du matin.

Roulant paisiblement l'émeraude des vagues,
A travers des forêts aux silhouettes vagues,
Un fleuve m'apparut : ce fleuve était le Rhin.
Dans la brume il coulait majestueux et pâle;
Je le voyais au loin depuis la cathédrale,
Où m'avait déposé l'aile de mon destin.

(1) *Primevères et Violettes.*

Le soleil se montra. Déjà les hirondelles
A l'entour du clocher volaient à tire d'ailes,
Et l'air se remplissait de rumeurs et de cris,
Les cigognes au nid sur la maison voisine
Grelotaient sur un pied, et, le cou dans l'échine,
S'apprêtaient à chercher la pâture aux petits.

Les cloches invitaient de leurs voix argentines
Les bons et les méchants à se rendre à matines,
Pour louer l'Éternel ou guérir un péché;
Les bateliers au loin remontaient la rivière,
Et, le panier au bras, la bonne ménagère
Pour acheter moins cher se rendait au marché.

On voyait arriver, d'une façon altière,
Poussant son petit char, mainte fraîche laitière
Avec coiffe à rubans et jupon retroussé;
Puis, des enfants joyeux se rendant à l'école,
Des fermiers rubiconds menant leur carriole
Avec les œufs, les fruits et le porc engraissé.

Les marchands se tenaient au seuil de leur boutique;
Au cabaret du coin, on parlait politique;
On entendait le cri nasal des brocanteurs;
Et tandis que chacun vaquait à son ouvrage,

Le vent du souvenir, comme après un orage,
M'apportait dans cet air ses plus vives senteurs.

Chaque endroit me marquait la douce souvenance
D'un temps trop loin, hélas! où dans l'insouciance
De mon âge, j'avais aimé, chanté, dansé.
C'était là que, rentré du beau pays de France,
J'étais venu plus tard m'asseoir dans ma souffrance;
C'était là que j'avais vécu, pleuré, pensé.

O douleur! j'avais vu cette même patrie
Si belle, se lever des ruines, meurtrie;
Pour disputer encor l'honneur à l'étranger.
J'avais vu les obus, la faim et l'incendie;
Je n'étais qu'un enfant! J'avais risqué ma vie;
Et je ne pleurais pas à l'heure du danger.

Depuis, où sont les jours de longue rêverie?
Et les joyeux ébats dans l'ombreuse prairie?
Où sont les doux propos dans les moelleux sentiers?
Nous n'irons plus là-bas dans le canot alerte
Boire du vin clairet à la Montagne verte.
Où sont-ils, les beaux jours? Où sont les canotiers?

Où sont les doux moments où dans la Forêt-Noire,
Les pinceaux à la main, je rêvais à la gloire,

Le cœur plein de candeur et l'âme ivre de ciel?
Qu'êtes-vous devenus, beaux jours de mon enfance ?
Êtes-vous donc si loin avec votre espérance?
Et le premier amour, qui semblait immortel?

Hier encore, pourquoi pleurais-je cette femme
Qui prenait du plaisir à torturer mon âme,
A m'enlever la foi de tout bon sentiment?
Lorsque cent fois mon cœur la traitait de cruelle,
Quel invincible instinct me ramenait vers elle
Et me faisait aimer l'objet de mon tourment?

Ah! s'il m'appartenait, ce temps où ma jeunesse
Perd toute sa vigueur dans la morne tristesse
Qu'entretient dans l'esprit un labeur incessant!
J'en atteste le ciel! la voix de mon génie
Trouverait des accents d'ineffable harmonie,
Sans évoquer la mort par des larmes de sang.

Mais après avoir vu les plus belles années
Ne couronner mon front que de roses fanées
Et flétrir dans mon cœur mes plus chastes amours,
Devrai-je succomber au faix de ma besace?
Ne trouverai-je pas une fleur sous la glace?
Me faudra-t-il ainsi clore mes tristes jours?

Eh bien! oui, c'est écrit. C'est assez de moi-même!
Pourquoi joindre à mon sort une vierge que j'aime
Et lui communiquer les maux dont j'ai souffert?
Pauvre enfant! vis en paix; le vent de la tempête
Qui m'a brisé le cœur peut gronder sur ma tête
Tu ne surprendras pas un cri dans le désert!...

RHÏNLIED

I

O Rhin! fleuve majestueux,
Miroir de nos cités antiques,
Roule, par les plaines rustiques,
Vers l'Océan impétueux,
Tes flots qui chantent l'espérance;
Berce le nocher qui faiblit,
N'emporte pas jusqu'à l'oubli
Le souvenir de sa souffrance.

Ce n'est pas la voix du tocsin,
Ni le son du canon d'alarmes
Qui causèrent jamais nos larmes
Et firent battre notre sein,

O Rhin à la superbe allure!
Mais on a pris l'Alsace en pleurs,
A la France, après ses malheurs,
Comme un bouquet à la ceinture.

Trêve cependant de sanglot,
D'inutile forfanterie,
Qui déshonorent la patrie!
Car ces sentiments sont le lot
Des enfants et des vieilles femmes.
Gardons nos aspirations
Sans vaines protestations
Nargue aux vantards! Honte aux infâmes!

II

A la France, après ses malheurs,
On avait pris, malgré ses pleurs,
Notre Alsace aux cités antiques.
Le Rhin, non moins majestueux,
Vers l'Océan impétueux,
Roulait ses ondes pacifiques.

La cervoise et le vin du Rhin,

Pour consoler notre chagrin,
Coulaient en vain sous les charmilles;
Mais les effluves du printemps
Disaient aux hommes de vingt ans
De rechercher les jeunes filles.

Toi, Hermann, si tu te souviens
De ta fiancée, oh! reviens
La demander en mariage,
Afin que, partout et toujours,
L'objet des premières amours
Te présente sa douce image!

Alors, dans les jours de malheurs,
Tu pourras confier tes pleurs
Au seul être qui te comprenne;
Dans l'aspérité du chemin
Toujours tu sentiras sa main
Consolatrice, dans la tienne.

III

Déjà l'ombre envahit l'Alsace...
C'est la nuit. Dans l'ombreuse nuit

Quel est ce fantôme qui passe?
O Hermann! Est-ce toi? — C'est lui.

Il vient pleurer dans la vallée.
Des sylphes passent dans l'azur,
Nuages d'argent au front pur
    De la nuit étoilée.

Des nymphes chantent dans le bois,
    Le vent frémit dans l'arbre,
L'amoureux printemps sous ses doigts
    Anime jusqu'au marbre.

O lune! Astre doux et serein,
Que j'aime à voir glisser sur l'onde,
Sous tes rayons, la forme blonde
    Des ondines du Rhin.

IV

Hermann chanta : Le Rhin est beau,
    Beau comme l'espérance;
Mais grande est la nuit du tombeau,
    Grande aussi ma souffrance.

O Sirène! à toi j'ai recours
    Comme dans ma jeunesse,
Viens donc, pour calmer ma tristesse,
    Sirène, à mon secours.

Lorsqu'enfant j'ai quitté l'Alsace,
Conquise par nos ennemis,
O protectrice! tu m'as mis
    Des chants dans la besace.

Lorsque le canon du vainqueur
    Nous réduisit en flamme,
Tu me mis de l'entrain au cœur
    Et de l'espoir dans l'âme.

Aujourd'hui qu'ici je reviens,
Le deuil a flétri ma jeunesse;
Que le printemps meure ou renaisse,
    Je souffre et me souviens.

J'ai tressailli de tant d'alarmes,
J'ai supporté tant de revers;
Ni les étés, ni les hivers,
    Ne sècheront mes larmes.

Tu m'as promis un avenir
De gloire et de fortune;
Malgré la tristesse importune
J'ai vécu par le souvenir.

Pour consoler cette souffrance
Tu m'as aussi promis l'amour :
J'aime aujourd'hui; mais en ce jour,
Hélas! j'ai perdu l'espérance.

J'aime Jeannette aux cheveux d'or,
Elle a quinze ans à peine...
Quand on est sans espoir, sirène,
Faut-il aimer encor?

V

A ces mots, comme un vent d'orage
Passe en sifflant dans les roseaux,
On voit, dans les joncs du rivage,
La sirène émerger des eaux.

Reconnais-tu ce port de reine,
Ce regard dans l'azur des yeux?

Moins pure est l'étoile des cieux.
O Hermann! est-ce la sirène?

Tu vois, il a quinze ans à peine,
Quinze ans ce corps souple et nerveux,
Si tendre sous ses blonds cheveux,
Quinze ans ce beau corps de sirène!

Vers toi, comme vers un ami,
Je vois cet être qui frémit
Et s'élance de sa carène...
Pourtant ce n'est pas la sirène!

VI

Oh non! ce n'est pas elle. C'est
Jeanne de Haut-Kœnigsbourg, fille
De noble et puissante famille;
Si tu l'aimes, elle le sait,

Cette fille de grande race,
Dont le plus frêle des esquifs
Vient d'affronter tous les récifs
Du fleuve sacré de l'Alsace.

VII

Alors, belle comme la nuit :
— Hermann, me voici, lui dit-elle,
Pour t'apporter telle nouvelle
J'ai quitté le château sans bruit.

Mes aïeux étaient gens de guerre,
Leur bravoure anime mon sang.
J'ai lu tes vers en frémissant
De tous les hauts faits de naguère.

Tes chants sont beaux; mon cœur est fort,
Mais pourquoi subir la souffrance?
Quand la vie est sans espérance,
Il vaut mieux s'aimer dans la mort.

Oh! viens donc, toi qui m'as ravie,
Aimons ce soir! Mourons demain!
On veut te refuser ma main,
Je te la donne avec ma vie.

VIII

Doucement Hermann, à ces mots,
Fut entraîné jusqu'à la berge

Par Jeanne, l'innocente vierge,
Qui compatissait à ses maux.

Au gré des flots ils s'en allèrent;
L'amour éveillait dans leur sein,
Un enthousiasme si saint,
Que les astres les contemplèrent.

IX

Non, ce ne sont plus des étoiles :
Le bateau bondit sur les flots;
Les cieux se sont couverts de voiles;
La nature fond en sanglots...

C'est l'ouragan qui fend l'espace.
Chasseurs et chiens hurlent en chœur;
Hourra! le vieux burgrave passe;
Leur passion gagne mon cœur.

JEANNE

Si la mort est le seul asile
Où je puisse aimer sans remord,
Avec Hermann, barque fragile,
Emporte-moi jusqu'à la mort.

HERMANN

Rhin, dans ta course furibonde
Emporte-nous vers l'Océan,
Loin des misères de ce Monde,
Vers ce qu'on nomme le Néant.

Toi, souffle vain, si tu t'exhales,
Illusion et souvenir,
Va dans les sphères idéales,
Où nous plaçons notre avenir;

Va parler de nous à la France,
Dis-lui nos larmes de ce soir,
Va, soupir de notre souffrance,
Lui parler d'amour et d'espoir.

L'ÉMIGRANT

I

L'émigrant avait vu succéder aux forts sombres
Les champs verts.
Le ciel bleu couvrait les décombres,
Les oiseaux chantaient dans les airs.

Maintenant il voyait la cathédrale sombre
De Strasbourg
Baisser à l'horizon, puis passer comme une ombre
Dans l'éclat d'un beau jour.

Oui! le jour était beau; pourtant hier encore
En ce lieu
Des Français défendant le drapeau tricolore,
Tombaient sous le fer et le feu.

Le voyageur voyait mainte tombe adorée
Où dorment ces héros,
Et, patrie! entendait ta mémoire sacrée
Vibrer dans les échos.

Malgré tant de combats la plaine était couverte
De blés d'or;
Les pampres mûrissaient, et dans la forêt verte
L'églantier fleurissait encor...

Lied, va donc au pays leur parler d'espérance,
Vole avec l'hirondelle au delà des monts bleus...
Mes amis et vous tous qui souffrez pour la France,
Martyrs d'un saint amour, recevez mes adieux!

II

Tels mauvais souvenirs dans l'aimable nature
Trouvait le voyageur;
Tels souvenirs aussi, sous une mâle armure,
Gémissaient dans son cœur.

Après avoir perdu sa vie et sa jeunesse,
Que cherchait-il?

Loin d'un joug odieux, la mortelle tristesse
D'un éternel exil!

Aussi répétait-il, en voyant fuir l'espace,
Ses douloureux adieux:
Laissez-moi mes amours! rendez-moi mon Alsace,
Le beau pays de mes aïeux.

III

O vous! qui connaissez les hommes et les choses
Par vos propres malheurs!
Vous, dont l'âpre printemps, sans lilas et sans roses,
Ne vit que du sang et des pleurs.

Savez-vous ce que c'est d'aimer un être au monde
Et de ne retrouver un soir
Au foyer conjugal, personne qui réponde
A votre mal mondain par un baiser d'espoir!

Eh bien! tel est le deuil qui vous prend dans la vie
Quand on a bien souffert.
Loin du foyer restreint de l'intime patrie,
La foule est un désert.

3.

Rien ne remplace alors ce qui calme et soulage
     Le pire mal,
L'espoir de voir encor sa ville ou son village
     Dans le pays natal.

Ainsi le voyageur faisait un rêve sombre,
     Plus sombre que la nuit,
Et voyait fuir l'Alsace au loin, tandis que l'ombre
     Naissait autour de lui.

ALSATIA

Au Landsberg.

Il est minuit. Mon âme a traversé l'espace.
Je viens hanter un burg qui domine l'Alsace.
Que des Vosges au Rhin les plaintes de mon chant
S'envolent dans la nuit sur les ailes du vent!

Je suis un exilé qui pleure sa patrie.
Le deuil voile mon front et s'attache à ma vie,
L'horreur trouble ma voix. Ce qu'un monde a souffert,
Je le sens dans mon cœur : Mon cœur est un désert.

J'ai vu nos légions grandir dans la défaite.
Les noirs corbeaux du Nord poussaient des cris de fête.
J'entends encor le fer passer dans l'ouragan :
Ma ville dans la nuit flambait comme un volcan.

Écoutez le passé : La générale sonne...
Frœschwiller est perdue! Au loin le canon tonne.
Et Strasbourg consterné, jusqu'au pied des remparts
Voit déjà l'ennemi poursuivre des fuyards.

Un cri désespéré déchire les poitrines.
La France est en danger! Alors dans les ruines,
Dans la nuit du néant, jusque sur les tombeaux
On dispute aux Germains l'étendard en lambeaux.

O douleur sans pareille! et la France succombe...
C'est Sedan! Saint-Privat! Tout s'écroule, tout tombe!
Metz, un dernier espoir, protège l'horizon...
Un bruit court : On vend Metz, trahison! trahison!

Les Germains depuis lors sur cette route ouverte
Passaient, passaient toujours. La plaine était couverte
De sombres roulements, de rumeurs et de cris.
Une voix dominait : A Paris! A Paris!...

Et Paris est cerné. Les soldats de la Loire
Volent à son secours en se couvrant de gloire.
Hélas! pauvres enfants, le sort en est jeté :
L'Empire a tout perdu... Sauvez la liberté!

C'est alors que l'on vit ces luttes gigantesques
De quelques bataillons contre tous les Tudesques;
Mais Paris se mourait, et Lyon et Bordeaux
Se voyaient impuissants à conjurer ses maux.

La France était vaincue! On parla d'armistice.
Quelques naïfs croyaient au droit, à la justice,
Quand l'air retentissait encor de cris de mort,
Quand il fallait subir la raison du plus fort!

Oui! l'on allait ravir à la mère patrie
La Lorraine et sa sœur, notre Alsace chérie!
Aussi je les unis toutes deux dans ce chant,
Que mon âme confie à l'haleine du vent,

Et dis : Souvenez-vous de votre indépendance,
Beaux pays! que le sang a liés à la France;
Les ombres de vos morts volent autour de moi :
Alsace, toi surtout, mon pays, souviens-toi!

CHANT DU SALUT

I

Salut, Citoyens de la France,
Citoyens de tous les pays,
Anoblis par l'Indépendance,
Qui venez à nous en amis !
Trêve à tant de vaines chimères
Qu'exaltaient en nous les tyrans !
Les peuples ne sont-ils pas frères
Comme les Petits et les Grands ?

REFRAIN

Salut donc, France, ô ma patrie !
Pays ami du souvenir !
Et salut, liberté chérie,
Doux espoir d'un noble avenir !

II

Salut, enfants de la Patrie!
Remplis d'un glorieux espoir,
Vous qui préférez à la vie
Votre honneur et votre devoir.
Un jour, fils de l'expérience,
Forts des acquêts de nos aïeux,
Vous lèguerez par la science
De plus grands biens à nos neveux.

Salut donc, France, ô ma patrie! etc.

III

Salut de même à l'homme libre
Qui s'élève à l'Égalité!
A ces soldats dont le cœur vibre
Dès qu'on touche à la Liberté!
Ensemble évoquons la mémoire
De l'ancienne Fraternité,

Pour ériger à notre gloire
Le bonheur de l'Humanité.

Salut donc, France, ô ma patrie! etc.

IV

Citoyens! la Patrie est sainte,
Son culte ennoblit notre cœur;
Mais il faut qu'un jour, sans contrainte,
Les peuples l'honorent en chœur;
Écoutez l'appel de la France!
Pour que le chant de ce grand jour,
Amené par notre espérance,
Soit un chant d'éternel amour.

Salut donc, France, ô ma patrie! etc.

V

La France n'est jamais en quête
D'une gloire sans lendemain,
Elle ne tient qu'à la conquête

4

De ceux qui lui tendent la main.
Non moins puissante elle façonne
L'enfant jusqu'à la puberté,
Pour que son soin jaloux te donne
Des défenseurs, ô Liberté!

REFRAIN

Salut donc, France, ô ma patrie!
Pays ami du souvenir!
Et salut, Liberté chérie,
Doux espoir d'un noble avenir.

KERMESSE A NANCY

—

Quand chacun va rompre une lance
A ce tournoi d'intelligence,
Pour y recueillir quelques fleurs,
Le poète rêve en silence.

Mais loin de vouloir par ses pleurs
Raviver d'anciennes douleurs,
Il met son espoir en la France,
Au souvenir de Vaucouleurs,

Et dit : Race vaillante et saine
De la vierge de Domremy,
Race de l'antique Lorraine,

Merci de cet asile ami
Que trouve auprès de toi ma race,
Merci pour les enfants d'Alsace.

PAUVRE AMI

———

... *Pourtant je l'ai revu sur son lit de souffrance*
  Un mémorable jour !
C'était au loin là-bas, sur les côtes de France,
  En un triste séjour.

Oui ! je l'ai retrouvé dans sa sombre énergie,
  Regardant le printemps,
Étonné d'y puiser le regret de la vie,
  Quoiqu'il n'eût que vingt ans,

Encor plus étonné, dans sa jeunesse amère,
  De voir à son chevet
Les soins de tant d'amis et l'amour d'une mère,
  Quand tout le décevait.

Je savais qu'il devait, comme tout ce qu'on aime,

Partir avant le soir,
Quand moi-même je vins, dans un adieu suprême,
A son chevet m'asseoir.

Je m'étais bien promis de cacher ma tristesse
Mais, malgré mon dessein,
Je ne pus retenir devant tant de jeunesse,
Les sanglots de mon sein.

Quoi! demain son retour à la mère nature
Comblerait ma douleur!
Tel je voyais le sang couler de sa blessure,
Tel me saignait le cœur.

Trop ému pour flatter une vaine espérance...
Eussé-je été muet!
Je dis: je sens en moi l'horreur de ta souffrance,
Mon ami, qu'as-tu fait?

Qu'as-tu fait de ta vie? O douleur! O mystère!
Pleurez, mes tristes yeux!
Puisses-tu, pauvre enfant! puisses-tu, noble terre!
Entendre mes adieux!

PULSATIONS

Dans la ville en sommeil la nuit règne.
Je suis seul dans la paix de la nuit
A penser. Je n'entends pas un bruit,
Sauf le bruit de mon sang : mon cœur saigne.

Je suis seul dans ma chambre à l'hôtel :
Qu'importe où! si c'est loin de toute âme,
De l'amour qui soutient, de la femme,
Tout ce qu'a d'idéal l'éternel;

Mais non pas l'immortel, pauvre sire!
Aujourd'hui la douleur, et demain
Le néant, le retour de l'humain
A la terre. On verra le zéphire

Soupirer dans les fleurs comme avant,
Emportant le pollen sur son aile,
L'amoureux courtiser la pucelle,
Pour le grand appétit du néant!

Triste cœur, qu'as-tu fait à ces hommes
Qui te font tant souffrir? Malheureux
Que l'or seul éblouit : Qu'est-ce d'eux!
De nous tous, pauvres fous que nous sommes!

Avec l'or accourraient dès demain
Les méchants qui m'ont pris l'espérance.
Rien ne peut égaler ma souffrance
Ici-bas, si ce n'est mon dédain.

ROSES FANÉES

L'homme écoutait son cœur, son cœur plein de tristesse,

Et son cœur lui disait :

        — Regarde, le printemps
Met des roses d'amour au front de la jeunesse ;
Ami, ne sens-tu pas que nous avons vingt ans ?

Et l'homme répondit :

        —Mon cœur plein de tristesse
Laisse dormir l'amour ; modère tes accents,
La douleur a fané les fleurs de ma jeunesse ;
Mon plus cher désir est d'oublier que tu sens.

Pourtant le cœur reprit :

— Ami, la vie est belle,
Lorsque la chaste épouse a ses enfants près d'elle,
Quand chacun vous sourit dans un joyeux regard.

Il est si doux de lire à deux le même livre,
Si consolant d'aimer, d'être aimé, de revivre. —

Mais l'homme répondit :

— Hélas ! il est trop tard.

STELLA

—

Mon amour a pris naissance
Aux bords du Rhin aux flots verts.
Ma douleur sans espérance
Me poursuit dans l'Univers.

Je pars! L'enfant à la porte
Longtemps agite un mouchoir;
Sa voix, que le vent m'apporte,
Me dit encore : Au revoir !

Puis plus rien! le ciel est sombre..
Navré, je hâte le pas.
Parfois le nocher qui sombre,
Souhaite et n'espère pas :

Ainsi, dans la destinée

Farouche du voyageur,
L'heure la plus fortunée
Ne vaut que regrets au cœur.

Adieu donc, ô jeune fille!
Pourquoi t'avoir vue un jour?
Au ciel mon étoile brille,
Mais ne luit pas pour l'amour.

J'aurais aimé pour asile
Cet horizon avec toi,
Dont la candeur juvénile
Eût égayé notre toit...

Hélas! la lutte m'appelle,
Perds plutôt mon souvenir :
L'esquif, comme une hirondelle,
Part souvent sans revenir.

LE CHIEN ERRANT

Déjà, sur la promenade,
S'étendait l'ombre du soir,
Lorsque l'exilé malade
Vint sous les ormes s'asseoir;

Son corps frissonnait de fièvre,
Les sens abusaient son cœur,
Et le délire à sa lèvre
Dictait un rêve moqueur.

Il chantait : Qui me convie?
Est-ce toi? je vais venir.
O femme! toute ma vie
S'attache à ton souvenir.

Arrive dans mes bras mêmes

Partager mon doux émoi,
Me répéter que tu m'aimes;
Mon amie, écoute-moi!...

A cès plaintives tendresses
De l'amoureux expirant,
On ne vit qu'un chien errant
Répondre par des caresses.

POÉSIES ALLEMANDES

HEINE

ÉLÉGIES

Ma pauvre âme était éblouie
Par une aimable vision,
Qui depuis s'est évanouie
Comme une vaine illusion.

Quand un enfant dans les ténèbres
Sent que son cœur est aux abois,
Pour chasser ses pensers funèbres
Il chante en élevant la voix;

Moi, fol enfant, aussi je chante
A présent dans l'obscurité,
Et ma chanson n'est pas plaisante,
Mais je suis moins épouvanté.

***

Je ne sais pourquoi, ni comment,
   Dans ma mélancolie,
Il est un vieux conte allemand
   Que jamais je n'oublie!

L'air est frais; le Rhin déjà noir
   Coule dans la campagne,
Tandis que le soleil du soir
   Dore encor la montagne.

Au haut du rocher radieux,
   La vierge la plus belle,
Déroule l'or de ses cheveux
   Dont l'éclat étincelle;

Elle y passe un peigne doré,
   Les livre au vent, et chante
Un chant puissamment inspiré,
   A l'allure entraînante.

Le nautonier, dans son bateau,
   Affolé de mirage,

L'écoute sans voir assez tôt
Les écueils du rivage.

Les flots vont noyer, je le vois,
Nautonier et carène,
Et la faute en est à la voix
De la blonde sirène.

*
* *

Je viens m'asseoir à l'ombre
D'un tilleul; c'est en Mai...
Dieu que mon cœur est sombre,
Lorsque tout est si gai!

Au fossé de la ville,
L'enfant dans son bateau,
Sifflant d'un air tranquille
Jette sa ligne à l'eau.

Dans l'aimable nature
L'on aperçoit là-bas
Comme une miniature
De charmantes villas

Des bonnes qui blanchissent,
S'ébattent un moment,
Et des moulins bruissent
Sur le flot écumant.

Je vois une guérite
Près de la vieille tour,
Un soldat qui la quitte,
Se promène alentour.

Avec son arme il joue...
Je souhaiterais fort
Qu'il me couchât en joue,
Pour me donner la mort.

LE BON DIEU DE BERLIN

Je rêve : Je suis le Bon Dieu;
Je trône en haut dans le ciel bleu,
Et, pour mes vers, les petits anges
M'adressent des louanges.

Je dépense maint beau florin,
Je bois d'excellent vin du Rhin,
Je mange confits et galettes,
Et je n'ai plus de dettes.

Cependant je languis après
La terre, et déjà je voudrais,
Si je n'étais l'Être suprême,
Aller au diable même.

Interminable Gabriel,
Toi, l'ange messager du Ciel,
Va donc trouver ce cher Étienne,
    Lui dire un peu qu'il vienne;

Ne va pas le chercher au cours,
Il est souvent à ses amours,
Au café plutôt qu'à l'église,
    Et surtout chez Élise...

A ces mots l'ange messager
Ouvre l'aile pour voyager,
Trouve l'ami devant sa porte,
    L'empoigne et me l'apporte.

Oui, mon cher, je suis le Bon Dieu!
C'est moi qui gouverne en tout lieu
Te l'avais-je prédit sans cause,
    Me voilà quelque chose!

Je fais merveille : En ton honneur
Je veux répandre le bonheur,
Aujourd'hui, sur la capitale
    De la Prusse royale.

Que soudain sur les boulevards
Les pavés comme des pétards
Se fendent ! que chacun contienne
Une huître de Marenne,

Que le citron laisse son jus
En bruine pleuvoir dessus,
Que le vin du Rhin des gouttières
Coule à pleines rivières !

A Berlin, tous les habitants
Sont déjà goulus et contents.
Maint magistrat sérieux vole
Pour boire à la rigole ;

Maint poète est des plus joyeux
Devant ce gueuleton de dieux ;
Maint lieutenant lèche la rue
D'une façon congrue :

C'est que les lieutenants, en gens
Qui passent pour intelligents,
Se disent que telle merveille
N'aura plus sa pareille.

GŒTHE

Le vent gémit, la nuit est sombre...
A travers nuit et vent,
Un coursier passe comme une ombre,
Avec le père et l'enfant...

Ils passent, et l'enfant frissonne :
Père, ne vois-tu pas,
Avec sa queue et sa couronne,
Le roi des aulnes là-bas?

— Mon fils, la fantastique image,
Ce roi qui te poursuit,
Ce n'est qu'un paisible nuage,
Qui flotte au vent dans la nuit

« Avec moi, cher enfant, arrive ;
Je sais des jeux si doux ;
Des fleurs émaillent cette rive,
Ma mère a tant de bijoux ! »

Le roi me dit d'aimables choses,
Il me promet tout bas
Des jeux, des bijoux et dés roses ;
Mon père, n'entends-tu pas ?

— J'écoute... je n'entends personne ;
Ce n'est rien, mon enfant,
Ce n'est, dans les feuilles d'automne,
Que le murmure du vent.

« Gentil garçon, mes filles blondes
Sauront si bien t'aimer
Et la nuit dans leurs folles rondes
T'endormir et te charmer ! »

Dans les ténébreuses charmilles,
Père, ne vois-tu pas
Danser en rond les blondes filles
Du roi des aulnes, là-bas ?

— *Le vent gémit, la nuit est sombre,*
  Mon enfant, et je voi
Les saules blancs passer dans l'ombre,
  Et non les filles du roi.

« *Être céleste que j'admire*
  Réponds à mon amour,
De force ou de gré je désire
  T'entraîner dans mon séjour. »

— *Père, après nous le roi s'élance !*
  Mon cœur est plein d'émoi !
Il veut user de violence...
  Mon père, oh ! protège-moi !

Le père saisi va plus vite,
  Tient l'enfant qui palpite,
Atteint sa ferme avec effort :
  Hélas ! son enfant est mort !

LE ROI DES AULNES

VARIANTE

Qui chevauche par nuit et vent?
C'est le père avec son enfant;
Il serre l'enfant dans sa mante,
Pour le garer de la tourmente.

Mon fils qui cause ton effroi?
— Père, ne vois-tu pas le roi
Des aulnes, avec sa couronne?
— Mon fils, c'est un brouillard d'automne.

« Cher enfant, accompagne-moi;
» Je jouerai si bien avec toi.
» La rive est couverte de roses.
» Ma mère a tant de belles choses! »

O mon père, n'entends-tu pas
Ce que le roi me dit tout bas?
— Mon fils, le vent du nord emporte
En gémissant la feuille morte.

« Bel enfant, viens dans mon séjour,
» Où tu seras choyé le jour,
» Bercé la nuit, au son des rondes,
» Dans les bras de mes filles blondes. »

Et les filles du roi, là-bas,
Mon père, ne les vois-tu pas?
— Mon enfant, la campagne est sombre
Des saules blancs passent dans l'ombre.

« Je t'aime d'un amour fatal,
» Viens, ou j'use de violence! »
— Père, le voilà qui s'élance.
Le roi des aulnes me fait mal.

Le père saisi va plus vite,
En tenant l'enfant qui palpite,
Atteint sa ferme avec effort...
Pauvre père! son fils est mort.

LE TROUBADOUR

Sur notre pont, devant la porte,
    Mes amis, qu'entend-on?
Le troubadour peut-être apporte
    Une aimable chanson!
Le roi parle, un page regarde...
C'est lui! Le roi dit : Que ce barde
    Au castel entre donc!

« Salut à vous, mes belles dames,
    A vous tous, nobles preux,
Vous, qui brillez comme les flammes
    Des étoiles aux cieux...
Mais sans plus, dans la salle en fête
Qu'à chanter ma muse s'apprête,
    Et fermez-vous, mes yeux. »

Le troubadour alors commence
Un chant devant la cour;
Les seigneurs vibrent d'espérance
Et les dames, d'amour.
Le roi charmé mande une chaîne
D'or pour prix de sa cantilène
Au brave troubadour...

Réserve, ô Roi! ta récompense
Au preux le plus vaillant,
Qui réduit en rompant la lance
L'ennemi défaillant,
Au chancelier de ta couronne;
Qu'il joigne l'or que j'abandonne,
A son faix accablant.

Je chante comme l'oiseau chante
Au rameau dans l'azur;
Le chant est au cœur qu'il enchante
Le trésor le plus sûr :
Pourtant, s'il m'est permis... ordonne,
Pour boire ton vin, qu'on me donne
Une coupe d'or pur.

Vidons la coupe généreuse...
O breuvage divin!

O maison mille fois heureuse,
Où c'est un don bénin!
Louez Dieu, qui vous gratifie
Autant que je vous remercie
De ma coupe de vin.

SCHILLER

IBICUS

Ibicus, grand ami des dieux,
Va, joyeux et sans crainte,
Dire ses chants mélodieux
Aux fêtes de Corinthe.

Déjà le poète distrait,
Sur un mont, dans les nues,
Voit l'acropole, quand paraît
Une bande de grues :

Salut, leur dit-il, beaux oiseaux
De fortuné présage !
Salut, hôtes sacrés dès eaux,
Compagnons de voyage !

Subitement dans son chemin
  Deux meurtriers surgissent...
Dis adieu, lyre, à cette main,
  Où les armes faiblissent !

Le poète en vain clame : Dieux,
  Ainsi, sans qu'on me pleure,
Misérablement en ces lieux,
  Faut-il donc que je meure !

Pourtant il voit avant sa mort
  Les témoins du nuage...
Proclamez, leur dit-il, mon sort,
  Vous oiseaux de passage !

Quel est ce corps défiguré ?
  Le sien ! Comme une plainte
La mort du poète adoré
  Se répand à Corinthe.

Le peuple court en gémissant
  Aux fêtes de Neptune,
Crie au meurtre et veut par le sang
  Venger tant d'infortune.

Mais hélas ! Quel est l'assassin ?
  Si c'est un adversaire,

Il est caché peut-être au sein
Même du populaire...

Soleil, qui vois tout et sais tout !
Dis, du fruit de son crime
Jouit-il, tandis que partout
On pleure sa victime ?

O dieux ! écoutez nos sanglots !...
Déjà la foule augmente,
Elle gronde ainsi que les flots,
Quand le vent les tourmente.

On voit la Grèce, l'Archipel,
La Sicile et l'Asie
Sur les gradins jusques au ciel,
Ivres de poésie.

Car le chœur antique paraît
Et s'avance en cadence,
Menant des femmes, d'un attrait
Surhumain, à la danse ;

Un manteau noir couvre leur flanc ;
Leurs pâles mains promènent

Des flambeaux ; sur leur front sifflant
Des serpents se démènent.

Alors on voit danser en rond,
Chantant leurs harmonies,
Celles qui bientôt vengeront
Le mort : Les Erinnyes.

Elles se disent, dans leurs chants,
Déesses tutélaires
Des bons, afin que les méchants
Seuls craignent leurs colères...

Dans leur fuite nous les suivrons,
Chantent-elles, sans trêve ;
La nuit nous les harcèlerons
Du glaive jusqu'en rêve.

Plein d'un mystérieux attrait
Le public suit la danse.
Le chœur antique disparaît
Et s'éloigne en cadence.

Certes, de la réalité
Ce n'est là qu'une image ;

Pourtant à la divinité
   Qui venge, on rend hommage,

Quand on entend : Timothéus!
   Vois là-haut, dans les nues,
Passer les témoins d'Ibicus!
   Or c'étaient quelques grues...

Mais déjà chacun veut savoir,
   Avec la mort du sage,
Le rapport que peuvent avoir
   Ces oiseaux de passage.

Et d'un ton toujours plus pressant
   A deux hommes livides,
On le demande; on voit du sang;
   On pense aux Euménides.

Les assassins sont découverts,
   O justice! On s'élance,
Et tous deux on les traîne vers
   L'autel de la vengeance.

LE PARTAGE DE LA TERRE

Mortels! dit Zeus, prenez le Monde, il est à vous!
    Gardez ce fief d'immortel héritage;
    Procédez à son fraternel partage,
        Mais non point en frères jaloux.

Jeunes et vieux, chacun à cet appel s'empresse,
    Le laboureur dit : A moi les guérets;
    Le hobereau chasse par les forêts...
        Chacun veut sa part de richesse.

De trésors le marchand bonde ses entrepôts;
    L'abbé choisit le cru le plus honnête;
    En fermant route et pont, le roi décrète :
        A moi la dîme et les impôts!

Quand chacun eut sa part, on vit enfin paraître
    Le poète! Il semblait venir de loin.
    Rien ne restait! plus même un petit coin!
      Et toute chose avait son maître.

Malheur à moi, Zeus! dois-je être seul entre tous
    Oublié, moi ton fils le plus fidèle!
    Oh! prends pitié de ma peine cruelle!
      Dit-il, en tombant à genoux.

Si tu suivais au loin quelque douce chimère,
    Pourquoi t'en prendre à moi! lui dit le dieu;
    Que faisais-tu, quand le partage eut lieu?
      — J'étais auprès de toi, mon père.

Mon être contemplait ton visage divin,
    Et percevait ta céleste harmonie;
    Pardonne-moi! Car mon âme éblouie
      A perdu tout bonheur humain.

Zeus reprit : J'ai donné le monde entier... Que faire?
    Ses biens divers ne m'appartiennent plus.
    Mais si tu veux vivre avec les élus,
      Sois le bienvenu dans ma sphère.

UHLAND

LA MALÉDICTION DU TROUVÈRE

Un château grand et fier, au flanc de la montagne,
Dominait autrefois cette belle campagne,
    Jusqu'à la mer d'azur ;
Des jardins l'entouraient, ainsi que des guirlandes,
Et des flots toujours frais s'élançaient des girandes,
    Pour y répandre un air plus pur.

Un roi, dans la splendeur de sa pourpre royale,
Était là, sur son trône, et si sombre et si pâle,
    Qu'il était saisissant ;
La rage étincelait dans sa fauve prunelle,
Toujours il prononçait quelque peine nouvelle
    Et toujours il voulait du sang.

Un jour voici venir au burg de la montagne
Certain maître chanteur qu'un élève accompagne.
      L'un, sur son palefroi,
Dit à l'autre : Aujourd'hui, fais un effort suprême;
De ta propre douleur anime ton poème :
      Il faut toucher le cœur du roi.

Il a dit, et déjà les voilà dans la salle,
Où resplendit le roi dans sa pourpre royale,
      La reine à son côté.
Le roi semble terrible à côté de la reine;
La clarté de la lune est moins pure et sereine
      Qu'elle, dans sa douce beauté.

Le vieillard prend sa harpe et prélude. O merveille!
Des sons toujours plus beaux viennent frapper l'oreille
      Des nobles assistants.
Tandis que le jeune homme élève sa voix tendre,
La voix sombre du vieux s'y mêle. On croit entendre
      Le chœur des anges par instants !

Ils chantent le printemps et les amours. Ils chantent
Tout ce que la noblesse et la pudeur enfantent
      De plus beau parmi nous;
Ils chantent l'idéal que l'homme voit en rêve,

Tout ce qu'il faut aimer, tout ce qui vous élève
    Et vous fait tomber à genoux.

Les courtisans sont là, les moqueurs! Ils oublient
Aujourd'hui le sarcasme, et tous ils s'humilient
    Devant le Dieu d'amours.
La reine vibre encor de tristesse et de joie,
Elle prend à son sein une rose et l'envoie
    Aux pieds des braves troubadours.

Vous débauchez mon peuple et séduisez ma femme!
Le roi tout frémissant du courroux qui l'enflamme,
    Prend son glaive à ces mots.
On ne voit qu'un éclair, du sang, une blessure...
Pauvre enfant! de la gorge où chantait ta voix pure,
    C'est ton sang qui coule à grands flots!

Les spectateurs ont fui devant cette tempête.
L'enfant vient d'expirer et le vieillard s'apprête
    A quitter le château;
Il va partir ainsi sans une seule injure,
Avec l'enfant lié sur sa propre monture,
    Enveloppé dans son manteau.

Mais au seuil du château le trouvère s'arrête,
Il prend sa harpe d'or, gloire de mainte fête,

Et la brise en éclats.
Alors dans les échos, sous le vaste portique,
On entend résonner une voix fatidique,
 Terrible et sombre comme un glas :

Malheur à vous, préaux! jamais les harmonies
Ne viendront vous charmer de leurs accents si doux;
Vous êtes condamnés, comme les gémonies,
Aux soupirs des mourants! Malheur, malheur à vous!

Malheur à vous, jardins! Les cieux seront moroses
Pour vous, qui voyez là ce mort défiguré :
Vos ondes tariront, vos Mais seront sans roses;
Les pierres couvriront votre sol altéré!

Malheur à toi, bourreau! Dans le sang de ta gloire
Que la nuit du néant boive ton nom de roi!
Que le râle suprême exhale ta mémoire
Dans le vent de l'oubli! Malheur, malheur à toi!

Le vieillard prononca ces paroles funestes,
Qui durent parvenir jusqu'aux voûtes célestes;
 Car le château détruit
N'offre plus au passant qu'une ruine sombre;
Et le dernier pilier de ses piliers sans nombre
 Lui-même est tombé cette nuit.

Et l'on ne voit plus rien de son jardin superbe :
Pas un arbre, une source, une fleur, un brin d'herbe...
     Plus rien : La désolation !
Et rien ne dit qu'un roi résidât là naguère.
La ruine et l'oubli : Telle fut du trouvère
     La malédiction.

LE CHANT

DE LA CLOCHE

LE CHANT DE LA CLOCHE

DE SCHILLER

NOTICE

Schiller, après une première jeunesse fort agitée, vint s'établir à Weimar en 1787, à l'âge de vingt-huit ans. Il était déjà connu par ses œuvres. Dans un voyage avec un ami de jeunesse, Guillaume de Wolzogen, il fit la connaissance de Charlotte de Lengenfeld, qui devint plus tard sa femme. En 1788, il alla passer une partie de l'été dans la gracieuse vallée de Rudolstadt, qu'habitait la famille de sa fiancée. Une fonderie du voisinage servait souvent de but à ses promenades. Un jour, en assistant à la fonte d'une cloche, il conçut le plan d'un poème; il en écrivit dès lors les premières parties, sous les influences heureuses d'un amour partagé.

Dans le *Chant de la Cloche,* le maître fondeur dirige la fonte et prodigue ses encouragements aux ouvriers dans des strophes aux rythme entraînant.

Le poëte ajoute à chaque nouvelle progression de l'ouvrage une digression lyrique sur la vie humaine, tantôt tendre ou joyeuse, tantôt triste ou passionnée, comme les sonneries de la cloche elle-même, à travers les différentes phases de notre existence... Ne salue-t-elle pas d'un gai carillon l'enfant qui vient de naître? —

Pour qu'elle ait un son bien pur, il faut veiller à ce que les métaux s'allient bien. Ainsi les fiancés qu'elle invite à l'hymen feraient bien de s'accorder parfaitement, avant de s'unir pour toujours..—

La flamme qui produit la fonte est bienfaisante; mais l'homme doit craindre les éléments qui détruisent ses œuvres. Déjà l'incendie éclaire la nuit... Le tocsin sonne! —

Quand les métaux sont fondus, on remplit le moule placé dans la terre, et, lorsqu'à la terre on confie nos restes, la cloche nous accompagne d'un glas funèbre. —

Il faut que l'alliage se refroidisse. Après le travail, le repos. C'est l'*Angelus,* c'est la cloche du soir qu'on entend. La ville paisible ferme ses portes. —

Le patron peut briser le moule en temps opportun. Il ne faut pas que le métal en fusion rompe ses entraves. De même la populace inconsciente ne doit pas s'insurger contre les lois de la raison et de l'équité. Quand l'émeute se déchaîne, la cloche d'alarme retentit. —

Enfin la cloche apparaît! Elle est à nu. Que CONCORDE soit son nom, et que, du haut de la tour, elle chante les louanges de Dieu!

En considérant le même chant dans son ensemble, on voit, en outre, que Schiller l'a divisé mentalement en deux parties.

La première de ces parties est consacrée à la description de la vie familiale; elle prend l'enfant à sa naissance, montre l'adolescent dans son seul amour, et suit l'homme à travers ses luttes pour l'existence, jusqu'à la mort de son épouse chérie.

La seconde, au contraire, nous dépeint la vie sociale en opposant à tous les bienfaits de la civilisation toutes les horreurs de la guerre civile.

Le poème se termine par des actions de grâces et des vœux de paix.

Quoiqu'il eût commencé son œuvre en 1788, le poète ne la publia qu'une dizaine d'années plus tard. Sa correspondance avec Gœthe témoigne des soins qu'il prenait à la parfaire. « Je compte encore couver une année en moi ce sujet, écrit-il en 1797, pour que mon ouvrage, qui n'est vraiment pas une bagatelle, arrive à maturité. »

C'est grâce à cette application réfléchie, qu'il réussit à

couler son inspiration simple et pure dans le moule d'une haute poésie, qui doit charmer et consoler à jamais, comme la cloche elle-même, les nations les plus diverses.

Voici, en vers français, l'idée de ce poème...

G. F.

LE CHANT DE LA CLOCHE

Vivos voco! Mortuos plango!
Fulgura frango!

———

Le moule est placé dans la terre,
La cloche doit naître aujourd'hui!
Compagnons, ce labeur austère
Exige votre appui!
Certes il faut que du visage
S'égoutte la sueur,
Mais aussi Dieu bénit l'ouvrage
Qui doit nous faire honneur.

***

Pendant nos œuvres sérieuses
Discourons sérieusement;

Les paroles ingénieuses
    Font travailler gaîment.
Laissez-nous donc rechercher comme
Une cause engendre un effet ;
On devrait mépriser un homme
Qui n'observe pas ce qu'il fait.
N'avons-nous pas l'intelligence,
Cet ornement de l'être humain,
Qui donne au cœur la conscience
    De ce que fait la main ?

***

De bois de pin faites usage,
Prenez-le des plus secs ; il faut
Que la flamme dans le tuyau
    Bien vivement s'engage !
    Le cuivre bout ! Soudain
    Ajoutez-y l'étain,
Pour que tout nous présage
Un parfait alliage.

***

L'airain proclamera demain.
Dans une tour, à tout le monde,

Ce que dans la fosse profonde,
Grâce au feu, bâtit notre main.
La cloche au temps résiste,
Touche oreille et cœur,
Clame avec le triste,
Se mêle au saint chœur.
Les ris et les pleurs que nous donne
Le mobile destin,
Sont par le métal qui résonne
Répétés au lointain.

***

Je vois des bulles naître;
Les lingots sont en fusion;
Que le sel de soude y pénètre,
Pour hâter l'action!
Il faut aussi que l'alliage
D'écume se dégage,
Afin que la voix du métal
Ait le son du cristal.

***

Car joyeuse est son harmonie,
En saluant l'enfant vermeil,

Qui paraît au seuil de la vie,
Bercé dans les bras du sommeil;
Pour lui dans le sein des années
Se reposent les destinées;
L'amour maternel veille encor
A la paix de ses rêves d'or.

Mais comme un éclair le temps passe!
Le fils pour parcourir l'espace,
Quitte le toit familial,
Dans l'aventure des voyages,
Il affronte tous les orages,
Puis revient au pays natal.
Là, dans l'éclat de sa jeunesse,
Pareille à certaine déesse,
Il voit paraître devant lui,
Rougissante comme une aurore,
Celle qu'il croit fillette encore,
L'adolescente d'aujourd'hui.
Alors un ineffable charme
S'empare de son pauvre cœur;
Souvent, réprimant une larme,
Il fuit un groupe tapageur;
Il voudrait se rapprocher d'Elle,
Il est heureux de son bonjour

Et cherche la fleur la plus belle
Pour en orner son cher amour.
O doux espoir! pure tendresse!
Où le cœur entrevoit le ciel,
Et croit au bonheur éternel.
Dans l'âge d'or de la jeunesse,
Pourquoi vous faner sans retour,
Chastes fleurs du premier amour?

***

Les évents déjà se brunissent!
Je vais y plonger un bâton,
Et si des cristaux le vernissent,
Pour couler le moment est bon.
Maintenant, compagnons, courage!
Regardez bien dans l'alliage,
Si le ductile et le cassant
Nous secondent en s'unissant.

***

Car où la force et la tendresse,
Où la douceur et la rudesse
S'amalgament, l'accord est beau.
Ainsi, fiancés de la vie,

Éprouvez votre sympathie,
Pour être heureux jusqu'au tombeau !
Oh ! combien la fleur nuptiale
Sied à la pudeur virginale,
Lorsque la cloche de l'hymen
Nous convie à l'autel divin,
Pour cette union qui couronne
Le doux printemps que Dieu nous donne.
Tombez alors, voiles sacrés,
Sans chasser nos rêves dorés !

    La passion s'envole,
    L'amour doit s'affirmer.
    Quand la fleur s'étiole,
    Les épis vont germer.
    Il faut que hors du gîte,
    Dans un monde sans cœur,
    L'époux se précipite,
    Risque son bien, s'agite...
    Mais le voici vainqueur !
    Au grenier d'abondance
    Dès lors vient à foison
    Le bonheur et l'aisance
    Qui grandit la maison.
Dans son intérieur la mère,
En vigilante ménagère,

A l'œil partout,
Dirige tout;
Dans le giron de la famille,
Elle élève garçon et fille,
Travaille de sa main,
Et, grâce à sa persévérance,
Sait ménager le gain
Avec intelligence.
Elle fait tourner les fuseaux,
Courir l'aiguille et les ciseaux;
Range toiles et laines,
Dans ses armoires pleines;
Prodigue partout, sans répit,
Son cœur et son esprit.

Parfois sur la terrasse,
Le père va, d'un air content,
Là, son coup d'œil embrasse
Son bonheur qui s'étend;
Il voit les arbres de ses terres
Et les richesses de ses aires,
Ses greniers par le ciel bénis
Et les ondes des blonds épis.
Comme alors il se vante
Et croit, plein de hauteur,

Une maison si florissante
    A l'abri du malheur.
Hélas! avec la destinée
Quel pacte est jamais éternel!
D'une façon inopinée
La foudre tombera du ciel.

***

Bon! la cassure est dentelée;
Nore œuvre pourra s'accomplir,
Si le ciel veut bien accueillir
Nos saints vœux pour cette coulée.
A présent, poussez le bouchon!
Que Dieu protège la maison!
Car dans la courbure de l'anse
Le flot brun et fumeux s'élance.

***

Certes la flamme est un bienfait,
Quand l'homme veille à son effet;
Comme une puissance divine
Elle seconde son labeur;
Mais elle répand la ruine
Sur son passage, et la terreur,

Chaque fois qu'elle se déchaîne
Et vole où le hasard l'entraîne
Pour porter l'incendie affreux
A travers les flots populeux...
Les éléments souvent détruisent,
Les œuvres que nos mains produisent :
La foudre naît au même sein
    Que l'onde pluviale...
Mais, du haut de la cathédrale
    Qu'entend-on? Le tocsin!

Voyez-vous la voûte céleste?
    Elle est couleur de sang!
Ce n'est pas là le jour naissant...
    Pourquoi ce bruit funeste
Et ces gens affolés? Grand Dieu!
    Voilà qu'on crie : Au feu!
Pétillante déjà s'élève
    La flamme; au loin sans trêve
    Elle s'étend.
    D'une ardeur de fournaise
L'air s'embrase. On entend
    Le craquement
    Et l'écroulement
    Des poutres en braise,

Le cliquetis
Des vitres et les cris
De mères qui craignent,
D'enfants qui se plaignent,
De bêtes qui geignent
Sous les débris.
Dans la panique souveraine,
L'incendie éclaire la nuit;
On se précipite, on s'enfuit;
Pourtant voici la chaîne!
Les seaux volent de main en main,
L'onde afflue. Hélas! tout est vain.
Un ouragan se lève, arrive,
S'engouffre dans la flamme vive,
L'attise, l'exalte, et dans peu,
Cave et grenier, tout est en feu!
Alors il semble que la terre
Tourbillonne, et sous ce cratère
S'enlève. On voit s'étendre aux cieux
L'embrasement immense.

Sans la moindre espérance,
Devant la puissance des dieux,
Anéanti, l'homme s'incline,
En admirant encor des yeux
L'horreur de sa ruine.

Tout est dévasté dans ces lieux,
Repaires des fougueux orages.
La terreur habite le creux
Des embrasures, les nuages
Y regardent du haut des cieux.

Alors le père jette
Un long et suprême coup d'œil
A tout ce qu'il regrette.
Puis, maîtrisant son deuil,
Il rentre gaîment dans la vie,
Et remercie encor le ciel,
Car aucune âme n'est ravie
A son cœur paternel.

***

Maintenant la cloche est sous terre.
Pourvu qu'après un tel labeur,
Elle nous fasse au moins honneur,
En revenant à la lumière!
Car si le moule avait craqué
Tout l'ouvrage serait manqué!
Hélas! le mal parfois d'avance
Anéantit notre espérance!

[*]

O terre! toi qui dans ton sein
Reçois de nous un dépôt saint,
Comme tu reçois la semence
Du semeur plein de confiance,
Ne reçois-tu pas dans ton sein
La semence plus précieuse
Des cercueils, d'où l'âme anxieuse
Renaît au suprême destin!

On entend à la cathédrale,
    Lourd et craintif,
    Le son plaintif
  De la cloche qui râle;
Un pèlerin s'en va là-bas;
La cloche l'accompagne, hélas!
     D'un glas.

C'est l'épouse aimable et fidèle,
La mère adorée; oui, c'est elle
Que le roi des ombres jaloux
Arrache aux bras de son époux;
A cette famille, à laquelle
Jadis elle a donné le jour,

Qui grandissait à sa mamelle,
La mort la ravit sans retour.

Ah! maintenant dans ces lieux sombres,
Adieu les souris adorés!
Votre mère est avec les ombres,
Pauvres enfants et vous pleurez.
Oh! oui, déplorez son absence!
Plus d'ébats joyeux au séjour,
Où s'établit l'indifférence
D'une étrangère sans amour!

***

En attendant que l'alliage
Soit dur, reposons-nous.
Déjà pour ses jeux les plus doux
L'oiseau rentre au bocage
Dès qu'une étoile brille au ciel,
L'ouvrier ponctuel,
Aussi rentre au foyer et chante :
Moi seul je me tourmente.

***

Le voyageur hâte le pas;
Au loin, dans la forêt sauvage,
Il voit déjà près du rivage,
   Sa cabane là-bas.
Les bœufs rentrent de la pâture,
Les brebis passent en bêlant;
Avec la moisson la voiture
   S'avance en chancelant;
Sur la gerbée une guirlande
   Étale ses couleurs.
Au bal déjà vole la bande
   Des jeunes moissonneurs.
Place et marché sont plus tranquilles,
   Les habitants dociles,
Autour de la lampe du soir,
   Pour causer vont s'asseoir.
   Presqu'aussitôt la ville
   S'enferme avec fracas,
   Pourtant une peur vile
   Ne la tourmente pas.
    Malgré la nuit sombre,
    Le passant dans l'ombre
    N'appréhende rien.
    Le juste sommeille,
    Car la loi qui veille
    Protège son bien.

Puissance civilisatrice,
Fille céleste, ô bienfaitrice!
A tes doux liens nous devons
Les richesses que nous avons.
Pour peupler villes et villages,
C'est toi qui cherchas dans les champs
Les insociables sauvages.
C'est toi qui vins chez les méchants
Porter la loi douce et chérie
Qui nous attache à la patrie.

Et, dans notre société,
Mille mains actives s'empressent;
Par leur émulation naissent
Les doux fruits de l'habileté.
Patrons et compagnons s'astreignent
Au travail à l'abri des lois,
Méprisent ceux qui les dédaignent
Et sont contents de leurs emplois.
Le travail est notre puissance,
La gloire est notre récompense.
Honneur au roi, notre seigneur,
Mais, de même, au travail honneur!

La ville est joyeuse et paisible
    Ah! que jamais, jamais,
La guerre sanglante et terrible
    Ne trouble cette paix!
Que jamais d'horribles ravages
    N'attristent ce vallon;
Que jamais le feu des villages
    N'empourpre un horizon,
Où le jour fuyant aux nuages
    Met des roses au front.

***

Le moule a rempli son office,
Il faut que de son sein jaillisse
L'ouvrage qui, par sa splendeur,
Doit réjouir l'œil et le cœur.
    Saisis ton marteau, frappe,
    Frappe dur à la chape.
Le moule en éclats doit sauter,
La cloche veut ressusciter.

***

Le patron peut briser l'entrave
En temps opportun savamment,

Mais malheur ! quand les flots de lave,
Forts de leur propre mouvement,
S'échappent, aveugles de rage,
Avec les éclats de l'orage
Par les brèches de leur prison;
Il semble que la gueule ouverte
De l'enfer répande la perte
Avec le feu dans la maison.
La force sans intelligence
Ne peut rien engendrer de bon.
Le peuple aussi dans la licence
Est une force sans raison.

Et malheur ! lorsque, dans la ville,
L'horreur de la guerre civile
Met une torche dans la main
De la foule au cœur inhumain;
Lorsque chacun, brisant sa chaîne,
Suit la révolte qui l'entraîne,
Et, lugubre comme un remord,
Accourt avec des cris de mort!
Qu'elle ait alors des sons d'alarmes,
Cette cloche aux tendres accents,
Que par ses appels incessants
La délivrance coure aux armes!

Égalité, liberté, sont
Les cris qu'on pousse à l'unisson.
D'égorgeurs les places sont pleines,
Les femmes, comme des hyènes,
Trouvent de douces voluptés
A commettre des cruautés;
Sur sa victime la mégère,
Avec une ardeur de panthère,
Se rue, et veut ravir au flanc
Un cœur encore tressaillant.
Rien n'est plus sacré dans le monde :
On voit partout le vice immonde
S'étaler avec impudeur,
En profanant toute grandeur.
Il est dangereux qu'on éveille,
Certes, le lion qui sommeille,
Mais le peuple induit en erreur
Doit inspirer plus de terreur.
Maudite soit la perfidie
Qui prête à l'aveugle un flambeau!
Et mène à travers l'incendie
L'humanité jusqu'au tombeau.

**

Le Seigneur me comble de joie.
Voyez la cloche qui flamboie;

Son métal, qui se pèle encor,
Reluit comme une étoile d'or;
Du bord jusques à la couronne,
C'est un vrai soleil qui rayonne,
Et l'écusson plaît au regard,
Honorant le maître et son art.

***

Venez! il faut qu'on la baptise.
Braves compagnons, accourez!
CONCORDE sera sa devise,
Pour que ses accents adorés
Parlent d'union et d'entente
A notre cité bienveillante.

Et désormais son attribut
Justifiera mon propre but.
Qu'elle domine au loin la terre,
Bien haut, là-bas, dans le ciel bleu,
Et dans ces sphères du tonnerre,
Confine au firmament en feu.
Qu'elle mêle au chœur de l'espace
Sa louange à Dieu, qui conduit
Le cortège des ans qui passe
Dans les étoiles de la nuit,
Que la seule grâce éternelle
Consacre son front de métal,

10.

Que le temps l'effleure de l'aile,
Chaque heure, dans son vol égal;
Qu'elle accorde son harmonie
Au destin, et, d'un bercement
Préside au jeu de notre vie,
Elle, sans cœur ni sentiment...
Qu'enfin sa voix toute-puissante,
Qui s'évanouit dans le ciel,
A l'humanité représente
Qu'ici-bas rien n'est immortel.

****

Voici, par notre ministère,
La cloche qui sort de la terre,
Et monte à l'empire du son,
Jusqu'au céleste pavillon.
    Tirez, tirez sans trêve!
    Elle flotte et s'élève.
Qu'à la ville heureuse à jamais
Ses premiers sons parlent de paix!

TABLE DES MATIÈRES

Bordeaax. — Imp. G. Gounouilhou, rue Guiraude, 11.

Bordeaux. — Imp. G. Gounouilhou, rue Guiraude, 11.